LE HAVRE EN MINIATURE

AU HAVRE.

LE HAVRE

EN

MINIATURE

TEXTE PAR J. MORLENT.

DESSINS D'ERNEST HAUMONT.

AU HAVRE

CHEZ L'ÉDITEUR ET CHEZ TOUS LES LIBRAIRES.

IMPRIMERIE DE CARPENTIER ET COMPAGNIE.

1853

LE HAVRE.

François Ier désirant avoir à l'embouchure de la Seine, dans sa province de Normandie, une des meilleures de son royaume, ainsi qu'il le dit dans une de ses chartes, un port d'une *assiette commode* pour approvisionner Rouen, Paris et les contrées voisines, et pour assurer en même temps les frontières maritimes de son royaume contre les tentatives des Anglais, fonda la ville et le port du Havre.

La première pierre en fut posée en 1516 et en peu d'années ville et port prirent un accroissement considérable. Il voulut lui donner son nom et l'appeler *Françoise de Grâce* : mais le nom de *Havre* seul est resté ; il lui donna également ses armes ; *un écusson* de *gueules, à la salamandre d'or, sur un brasier de même ; au chef d'azur, chargé de trois fleurs de lys d'or.*

Le Havre par ses accroissements successifs, par la création de nouveaux quartiers est devenu une des plus jolies villes de France. Sa population approche de 40,000 âmes, son port, ses bassins peuvent contenir plus de 3,000 navires : c'est la Marseille du nord en même temps qu'un faubourg de Paris. La Seine et le chemin de fer en sont les grandes rues.

Ce fut de ce point de la côte où nous voyons l'entrée maritime du Havre que dans son inspiration poëtique Casimir-Delavigne s'écria :

Après Constantinople il n'est rien de plus beau !

LE HÂVRE VU D'INGOUVILLE.

TOUR DE FRANÇOIS Ier.

Située à l'entrée du port, sentinelle séculaire pour signaler la première vue du navire qui point à l'horizon, couronnée de drapeaux de diverses couleurs, lettres pittoresques d'un savant alphabet dont elle forme la langue mystérieuse au moyen de laquelle elle s'entretient avec les navires qui demandent un abri dans le port; crevassée par les assauts que lui livre l'Océan, depuis qu'elle lève sa large tête au-dessus de ses flots, portant aussi les marques de plus glorieuses cicatrices, la tour de François 1er, les pieds profondément enfoncés dans la mer, est toute empreinte de cette inimitable couleur des siècles, et semble comme le bouclier de la ville qu'elle a vue naître ou grandir. Bâtie par le fondateur du Havre, c'est le seul monument qui rappelle avec force le souvenir de ses premiers jours à cette ville renouvelée, à cette ville moderne, entraînée tout entière par ce présent rapide qui absorbe toute l'activité de sa pensée.

Les fondations de la tour de Francois 1er sont si profondes qu'elles égalent en hauteur dans la partie souterraine l'élévation de la tour au-dessus du sol. Il se trouve dans cette partie inférieure des cachots où l'on enfermait autrefois les criminels d'état.

TOUR FRANÇOIS Ier

LE MUSÉE.

C'est le seul monument public moderne que le Havre puisse offrir à la juste admiration de l'étranger. Remarquable au point de vue architectonique au dehors, sa disposition intérieure est aussi heureuse que ses façades sont élégantes et d'un caractère noble et imposant. Cet édifice, commencé en 1841 et achevé en 1845 sous l'administration de M. A. Le Maistre, maire du Havre, s'est élevé sur les dessins et sous la direction de M. F. Brunet Debaines, architecte de la ville, sur l'emplacement occupé par le LOGIS DU ROI, une des premières constructions du Havre. Le Musée est précédé d'une cour d'honneur entourée d'une grille à hauteur d'appui.

L'entrée de la cour est fermée par deux piedestaux destinés à recevoir les statues de bronze de Casimir-Delavigne et de Bernardin-de-St-Pierre, nés l'un et l'autre au Havre. La façade est surmontée de statues allégoriques groupées de chaque côté d'un cadrau éclairé par un système particulier, de l'invention d'un de nos compatriotes M. J. Dorey.

Le vestibule et la salle du rez-de-chaussée sont ornés d'une belle colonnade ; à droite et à gauche, les galeries des collections d'histoire naturelle, le fond est occupé par un magnifique escalier qui conduit au grand salon de peinture et à deux galeries latérales affectées à la bibliothèque publique du Havre. Sur le premier pallier de l'escalier, on a placé, en 1850, une statue de François Ier, œuvre de M. Dumont, l'auteur du Génie de la Liberté qui surmonte la colonne de Juillet à Paris.

MUSÉE

VIEUX-BASSIN.

La date de la prise de possession du territoire du Havre est aussi connue qu'elle est récente : 1526 ! Un siècle après, on entourait de murailles une des criques les plus profondes qui sillonnaient cette grève, baignée encore des eaux de la mer dans les syzygies, et l'on créait ainsi le premier bassin qu'ait eu le port du Havre. Colbert le ferma en 1669 par des portes d'èbe et de flot qui, pour laisser passage aux bâtiments de l'Etat, s'ouvraient à chaque marée avec pompe et solennité au son de la trompette et au bruit des fanfares.

Il communique au nord avec le bassin du Commerce, au sud avec l'Avant Port, on l'a mis en état de recevoir des bâtiments d'un grand tirant d'eau, en abaissant le radier de l'écluse Notre-Dame et en élargissant la porte. Livré entièrement au commerce le 1er août 1839, on y introduisit tous les bateaux à vapeur qui font la navigation avec l'étranger. Il en peut contenir neuf, dont six à quai.

Lorsque le Havre était port de guerre, une grande partie des établissements maritimes, bureaux, casernes, et magasins étaient groupés autour du Vieux-Bassin désigné pendant plus de deux siècles sous le nom de Bassin-du-Roi.

VIEUX BASSIN.

L'ÉGLISE DE NOTRE-DAME.

L'église de Notre Dame, élevée sur les ruines de la chapelle de Grâce, antérieure à la fondation de la ville, fut bâtie dans la seconde moitié du XVIe siècle.

Le portail principal de l'église se compose de deux rangées de colonnes. La première est d'ordre ionique avec des chapiteaux ornés de guirlandes. Le second rang est formé de colonnes corinthiennes cannelées, pleines de grâce et d'élégance, surmontées d'une archivolte, où l'on voit les roses, les feuilles d'acanthe et les bouquets briller comme des étoiles sous un beau ciel. Les ornements de l'architecture ont été prodigués à ce portail.

Le portail nord est un pignon dont la base est soutenue par des Arcades écrasées; le couronnement rappelle toutes les bonnes traditions du moyen âge; c'est une rosace dont les feuilles forment une roue soutenue par des anges, et le haut du triangle est un bas-relief représentant le Père-Eternel appuyé sur des chérubins. La balustrade qui fait saillie au-dessus des cintres figure les premiers mots de l'AVE MARIA, écrits en caractères gothiques avec des lettres de pierre.

L'intérieur de l'église est moins riche d'architecture que l'extérieur.

C'est l'œuvre de Nicolas Duchemin, qui prenait le titre modeste de maître maçon.

NOTRE-DAME.

PALAIS DE JUSTICE

C'est un édifice isolé et d'une bonne architecture. Il occupe toute la partie orientale de la place du Marché aux Légumes et au Poisson, nommée anciennement, on ne sait pourquoi, place de Cannibale.

Le tribunal de première instance siège dans ce local souvent encore désigné sous le nom de Prétoire. La salle d'audience du premier étage est fort belle. Le rez-de-chaussée, partie sud, est occupé par les membres du Parquet.

Le Palais de Justice a été construit sur l'emplacement d'un autre monument af- cté à diverses destinations et bâti en 1572 par Polidamas Hacquet, lieutenant il. Le rez-de-chaussée servait de Halle, puis ensuite il servit de boucherie : c'é- t au-dessus de cette boucherie que se tenaient les juridictions, les mardi et ven- edi de chaque semaine. On appelait communément ce lieu là : Cohue du Roi.

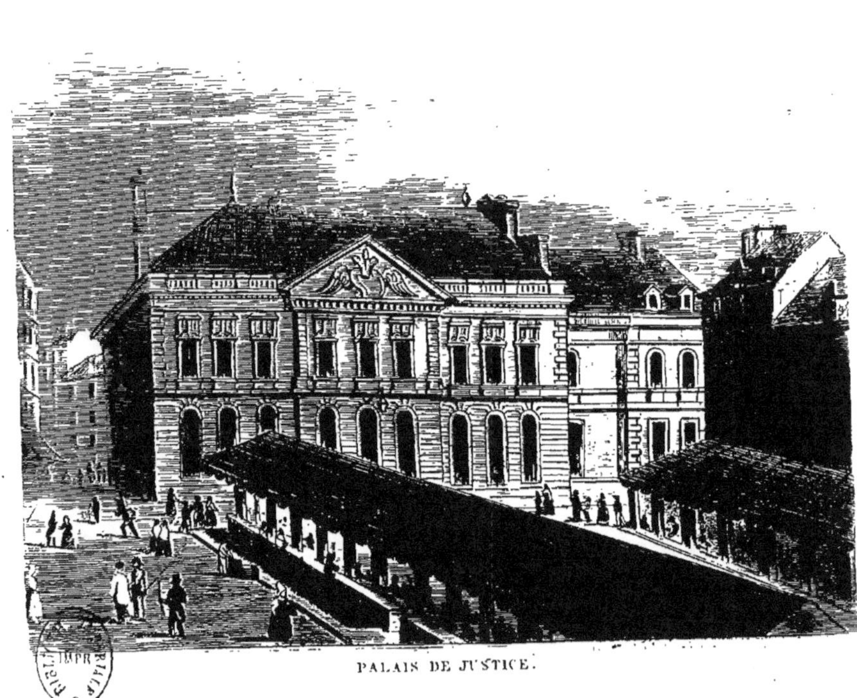

PALAIS DE JUSTICE.

SALLE DE SPECTACLE.

En 1817, le duc d'Angoulême posa la première pierre de cette salle, achevée en 1823, et inaugurée par un discours en vers de Casimir-Delavigne.

La façade principale se compose au rez-de-chaussée de cinq portiques cintrés entre des colonnes noyées à moitié ; au premier étage, de cinq croisées également voûtées entre deux colonnes à demi-épaisseur.

L'intérieur de cet édifice fut consumé le 29 avril 1843. Le directeur du théâtre, pour échapper aux flammes, se précipita d'une des lucarnes de l'attique et fut tué sur le coup.

En réparant les ravages de l'incendie on apporta d'heureuses modifications à l'intérieur de ce monument ; on changea la forme disgracieuse du toit, on surmonta les attiques de statues allégoriques. La disposition de la salle fut modifiée dans sa coupe et dans sa décoration qui, l'une et l'autre, sont aujourd'hui d'un effet agréable.

Au point de vue du grand foyer de ce théâtre, le spectateur embrasse d'un coup-d'œil le vaste et magnifique bassin du Commerce, le triple rang de navires qui en garnit les côtés, les beaux édifices qui en bordent les quais, la tête du bassin de la Barre, la porte Neúve ; sur le dernier plan les côtes boisées de Graville, et dans un lointain brumeux les falaises d'Orcher.

THÉÂTRE.

BASSIN DE LA BARRE

L'étendue de ce bassin, est plus considérable que celle du bassin du Commerce; sa superficie est de 59,540 mètres. Commencé en 1787, son achèvement ne date que du 25 août 1820. Il s'ouvre dans le bassin du Commerce. A l'est, une seconde écluse le met en rapport avec le nouveau bassin Vauban, qui s'étend bien au-delà des fortifications; à l'ouest, il communique avec l'Avant-Port au moyen d'une troisième écluse près de laquelle est établi un pont tournant. Deux cents navires peuvent mouiller dans les eaux de ce bassin, à l'extrémité nord duquel se trouve le dock flottant, invention moderne, destinée au radoub des navires.

Les parapets de l'écluse de l'avant-port, portent ces inscriptions en caractères de bronze : d'un-côté :

FORFAIT, MINISTRE DE LA MARINE.

de l'autre :

AN IX. BONAPARTE, PREMIER CONSUL.

A la restauration cette seconde légende disparut en partie ; on ne laissa subsister que le millésime républicain ; après la révolution de 1830 l'inscription fut rétablie en son entier.

BASSIN DE LA BARRE

ARSENAL DE LA MARINE

L'arsenal de la marine fut construit en 1669 sur l'emplacement de l'Hôpital du Havre, qui fut transféré à Ingouville. Réparé en 1776, il renfermait alors une salle assez vaste pour contenir dix mille armes, et une chapelle dite la chapelle du Roi. La porte d'entrée principale de l'arsenal donne accès sur une vaste cour entourée de galeries. Cet édifice se liait à d'autres constructions, toutes affectées au service de la marine de l'Etat, et qui ceignaient le bassin du Roi, fermé de portes grillées d'un beau travail.

La façade de cet édifice, qui porte sur des cartouches les noms de Jean-Bart, Tourville, — Duquesne, — Duguay-Trouin, est défigurée par l'adjonction d'une aîle au sud, qui produit un effet désagréable. Il est surmonté d'un petit dôme, soutenu par des colonnes, renfermant une horloge et une cloche qui servait autrefois pour appeler les ouvriers aux travaux du port.

C'est dans cet arsenal que se sont établis les bureaux du Commissaire-général de la marine.

ARSENAL.

ÉGLISE DE SAINT-FRANÇOIS

Elle fut fondée vers 1542 par François Ier et continuée par Henri II. On ignore qui a tracé le plan de cette église qui renferme quelques caractères d'une plus grande antiquité que l'Eglise de Notre-Dame. On n'en connaît pas le plan primitif, et avec ce qui reste il est difficile de dire ce qu'elle devait être.

L'ancien clocher ne fut jamais qu'une œuvre avortée et provisoire, on l'a démoli en 1841. Saint-François n'avait plus alors ni portail ni clocher : on a voulu d'un seul coup, et par une même combinaison lui donner l'un et l'autre. Il en est résulté une façade correcte et régulière, mais froide et compassée comme les constructions de l'empire. On a jeté au-dessus de cette œuvre classique, a dit l'historien des églises de l'arrondissement, un petit corps carré qui finit brusquement, et qui n'a certes ni la légèreté, ni l'élancement de nos vieilles flèches d'ardoise.

La restauration du portail sud est encore d'une date plus récente.

L'ancien clocher possédait une cloche qu'on appelait la *Huguenote* ; la jeunesse du Havre l'avait enlevée en 1685 du prêche de Sanvic qu'elle avait détruit.

Pendant trois cents ans l'église Saint-François n'a été qu'une humble chapelle desservie par un simple vicaire et dépendante de la cure d'Ingouville.

S^T FRANÇOIS

BASSIN DU COMMERCE.

Le bassin du Commerce, creusé dans les anciens fossés du Havre, s'étend aux deux extrémités orientale et occidentale de la ville, sa longueur est de 560 mètres, sa largeur de 100 mètres, sa superficie est donc de 56,000 mètres. Commencé en 1786, il ne fut livré à la navigation qu'en décembre 1820. Ce bassin, qui peut contenir deux cents navires, communique avec le Vieux Bassin par une écluse sur laquelle est établi un pont à bascule. Il prit à son origine le nom de Bassin d'Ingouville ; en 1817, il le quitta pour s'appeler Bassin du Commerce, par reconnaissance pour la coopération financière du Commerce du Havre, qui contribua aux frais de son achèvement.

Un haut appareil établi en tête du bassin est connu sous le nom de machine à mâter ou mâture ; ce nom indique suffisamment son emploi. C'est dans ce bassin que s'opèrent habituellement le chauffage et le doublage des navires.

Le bassin du Commerce se terminait par deux cales établies de chaque côté de la mâture, elles ont éte comblées en 1848-49 et élevées au niveau du quai.

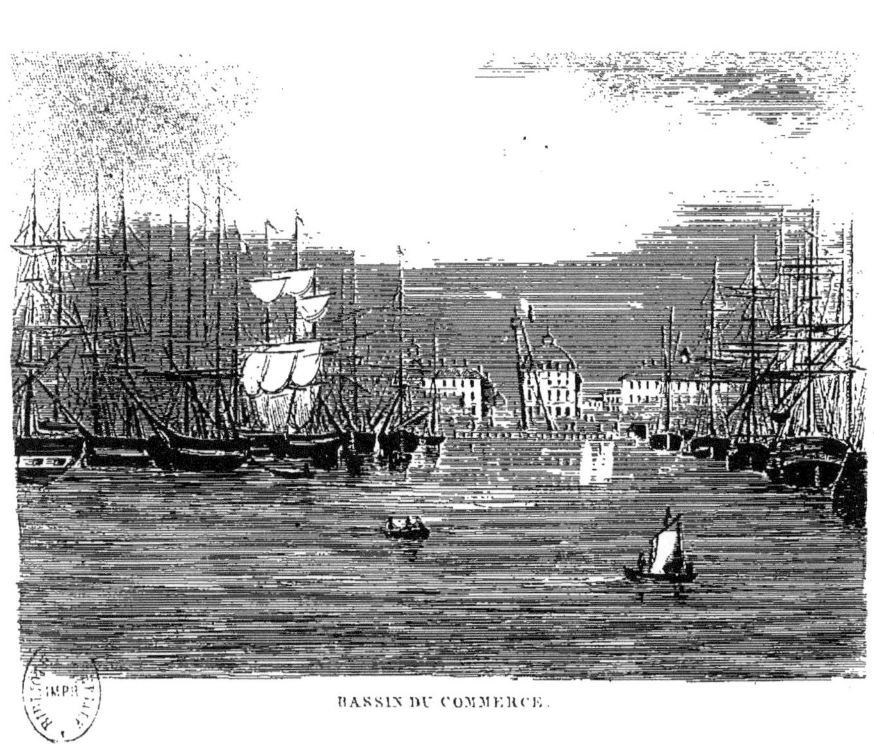

BASSIN DU COMMERCE.

PLACE DE LA RÉPUBLIQUE.

Depuis la construction de son théâtre, en 1823, le Havre s'est accru, à l'ouest et au nord, de deux quartiers sans contredit les plus beaux de la ville. Toute la partie occidentale était occupée, il y a moins de vingt ans, par les chantiers de bois de la marine nationale. Ces vastes terrains ayant été vendus par le domaine, des rues nouvelles et bien coupées ont été tracées, puis ouvertes, bâties et habitées en très peu d'années. Au milieu de ces terrains on a ménagé une très grande place que l'Etat a cédée gratuitement à la commune. Cette place a changé en 1848 son nom primitif de Louis-Philippe en celui de la Place de la République. On y a établi un marché, au centre duquel s'élève une fontaine surmontée d'un obélisque de granit ; à l'ouest on a construit récemment un édifice de belles proportions dans lequel siège aujourd'hui le tribunal de commerce.

Le pourtour de cette place est planté d'une double rangée d'arbres qui l'encadrent fort agréablement.

A l'angle nord-ouest une rue conduit par une porte, nouvellement ouverte à travers les fortifications, au joli village de Sainte-Adresse, aux Phares et sous le cap de la Hève.

PLACE DE LA RÉPUBLIQUE

LA PORTE-NEUVE.

Elevée en 1788, cette porte monumentale mérite d'être remarquée. Elle termine une des plus majestueuses perspectives qui se puisse imaginer.

Elle est ornée sur la façade extérieure de trophées d'assez bon goût, présentant la réunion assez singulière des attributs de la guerre et du commerce. La pensée de l'auteur ne peut s'expliquer que si l'on se rappelle que le Havre fut, dès son origine et pendant longtemps place de guerre, un port d'armement et de construction pour la marine de l'Etat.

Le bas-relief dont le cintre de la porte est couronné est la mise en œuvre de la même idée, allégorie assez lourde qui a inspiré à un voyageur cette boutade rimée.

Ces emblêmes sur tes remparts
Semblent défier le tonnerre ;
J'y vois le COMMERCE et la GUERRE
Vainement j'y cherche les ARTS.

C'est par la Porte-Neuve, connue aussi sous le nom de porte Royale qu'on accède au débarcadère du chemin de fer, au côté nord du bassin Vauban, au cours Napoléon et au centre de l'ancienne commune de Graville.

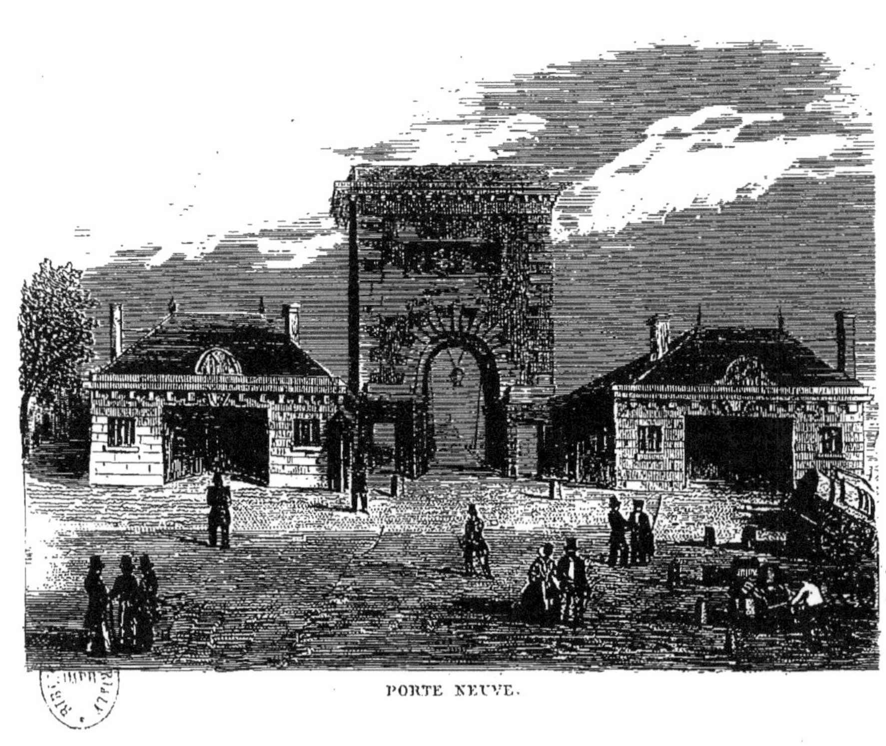

PORTE NEUVE.

BASSIN VAUBAN.

L'extension progressive des relations maritimes du Havre et du nombre de navires qui fréquentent son port ayant rendu insuffisans les trois bassins que nous venons de décrire, l'ingénieur en chef du port proposa en 1829 le creusement du canal Vauban, en amont de la ville, pour recevoir les navires désarmés ou à dépecer. Ce projet fut approuvé ; mais on sentit bientôt la nécessité d'en élargir les bases et de lui donner une destination plus appropriée aux besoins du Commerce. Le gouvernement se rendit à ces vœux, et le bassin fut creusé à une profondeur de 7 mètres 50 centimètres au-dessous des quais du Havre ; on lui donna 70 mètres de largeur au sommet, et 40 mètres dans le fond, sur une longueur de 800 mètres au-delà des fortifications. On construisit en outre une écluse, dite écluse d'Harfleur, qui ouvre le nouveau bassin sur le côté Est du bassin de la Barre.

Le bassin Vauban est un des plus beaux et des plus spacieux du Havre.

BASSIN DE L'EURE .— Ce bassin qui longe les fronts Est de la place, est en voie d'exécution.

LE BASSIN DOCK. — qui doit être construit paraléllement au bassin Vauban, n'est encore qu'à l'état de projet adopté, son exécution est ajournée, faute de fonds.

BASSIN VAUBAN.

GARE DU CHEMIN DE FER.

Les immenses développements qu'exige la gare ou débarcadère d'un chemin de fer de l'importance de celui du Havre à Paris n'ont pas permis de donner place dans l'intérieur de la ville à cette tête de chemin. Elle a été portée sur le territoire de la commune de Graville, à l'est d'une longue promenade que le Havre a fait établir et qui porte les deux noms de Route-Neuve et Cours-Napoléon. Les dépendances de la gare, qui comprend les vastes hangards sous lesquels s'abritent les quantités considérables de marchandises que le port du Havre expédie à Paris, sur tous les points de la France et en transit pour la Suisse et l'Allemagne, ces dépendances, disons-nous, occupent une superficie de terrain dont l'acquisition a coûté des sommes énormes à la société. Les constructions nécessitées par toutes les branches de son service, telles que les ateliers pour la réparation et l'entretien des véhicules, la fabrication du cock et du gaz pour l'éclairage, s'étendent sur toute la partie orientale de la gare à une très grande distance.

La gravure ci-contre nous montre la façade de l'édifice affectée aux salles d'attente des voyageurs et aux bureaux des chefs de l'administration. C'est l'œuvre d'architectes anglais qui se sont montrés très sobres d'ornementation dans la décoration extérieure de ce monument.

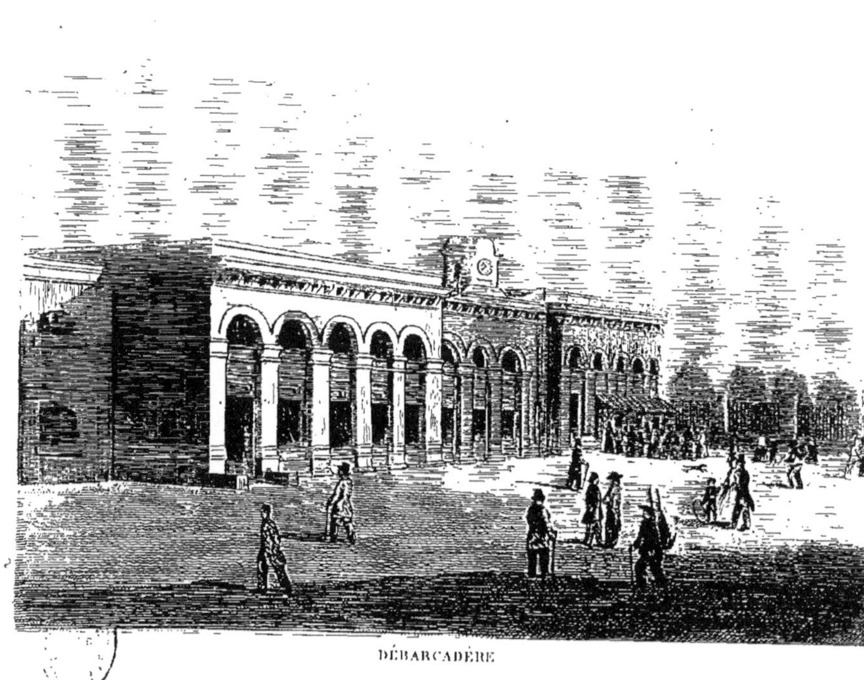

DÉBARCADÈRE

HOTEL ET BAINS FRASCATI.

Sur une plage caillouteuse, aride et déserte, il y a quelques années s'éleva sur un plan très modeste une maisou de bains. Un peu plus tard la maison primitive se perdit au milieu de constructlons élégantes et spacieuses dont le vaste et bel ensemble forme l'établissement de FRASCATI, qui n'a rien envier aux hôtels les plus justement réputés de France. Des appartements princiers, comme on disait jadis, un jardin magnifique, un service admirable, des bains de toute espèce, l'air si pur et si tonique de la mer qui vient lécher la belle galerie occidentale de Frascati, la réunion de tous ces avantages n'a pas tardé à faire à ce splendide séjour une réputation européeune.

Il y est venu des hôtes de toutes les parties du monde ; une reine y a pris quelque temps domicile, et dès sa création la vogue a été assurée à cet établissement qui manquait au Havre. Elle s'y est fixée pour longtemps, grâce à son intelligente et prévoyante administration. Bals, concerts, jeux, salons de lecture, tout y est réuni pour l'agrément et la commodité des étrangers. Les fortunes colossales, les fortunes modestes y sont également accueillies. Aussi, dans les quatre ou cinq mois si courts de la bonne saison Frascati, est-il un lieu d'enchantement ; c'est un des plus brillants quartiers de Paris transporté par un pouvoir féerique sur le rivage de l'Océan.

FRASCATI.

LES PHARES.

Un petit chemin ombragé s'ouvre sur la côte occidentale à l'extrémité du vallon de Ste-Adresse et conduit au sommet du cap de la Hève où surgissent les phares jumeaux.

Ce sont deux tours quadrangulaires à cent cinquante mètres au-dessus du niveau de la mer; leur éloignement l'une de l'autre est de soixante deux mètres; un escalier de cent deux marches conduit à la plate-forme, surmontée d'une grande lanterne, vitrée sur toutes les faces, et élevée de plus de sept mètres. Ces phares ont été allumés pour la première fois le 1er novembre 1775. Les lampes sont alimentées avec de l'huile; on y avait d'abord brûlé du charbon de terre, premier essai d'éclairage au gaz; mais la dépense était excessive, il y eut telle nuit d'hiver où l'on consuma la charge de deux voitures de ce combustible. On y substitua un fourneau et deux soufflets : ce n'était plus un phare c'était une forge. Une grande lanterne fut enfin construite, on continua de brûler du charbon de terre dans un réchaud; mais grâce à l'insuffisance de soupiraux, la fumée déposait sur le vitrage une croûte si épaisse qu'il fallait être presque sous le phare pour l'apercevoir en mer; c'était la lampe de l'évangile sous le boisseau de la femme juive.

Les anciens appareils d'éclairage des phares ont été remplacés par des appareils lenticulaires ou dioptriques. La substitution s'est faite en 1845. On aperçoit les feux à 20 milles au large.

Les phares du Havre correspondent avec ceux de Barfleur et de l'Ailly ; ce dernier est à une lieue et demie dans l'ouest de Dieppe. Lorsque le ciel est pur, on découvre la pointe de Barfleur, quoiqu'elle soit à 18 lieues sud-ouest du Havre.

DES PHARES.

CASERNE DE LA DOUANE.

L'immense étendue des quais et bassins du Havre, du littoral de la Seine et de la Manche, dont la surveillance est confiée aux agents du service actif de l'administration des douanes, a donné aux chefs de ce service l'idée d'une construction assez vaste pour loger tous les préposés des douanes du Havre et de la banlieue.

On a édifié en 1847, sur les terrains communaux de Graville, d'après les plans et sous la direction de M. Brunet Debaines, une caserne d'une architecture simple, mais d'un aspect monumental en raison surtout de son étendue.

La façade du Sud n'a pas moins de 170 mètres ; elle surpasse en longueur celle du Palais des Tuileries. Le bâtiment renferme cinq cours, autour desquelles viennent se grouper les logements des hommes mariés et des garçons ; sa population excède 1,500 personnes, il contient une salle d'asile, des écoles pour les enfants des préposés. Les instituteurs et institutrices y sont également logés ; enfin cette caserne, aussi admirablement construite qu'administrée, mérite d'être visitée par les voyageurs.

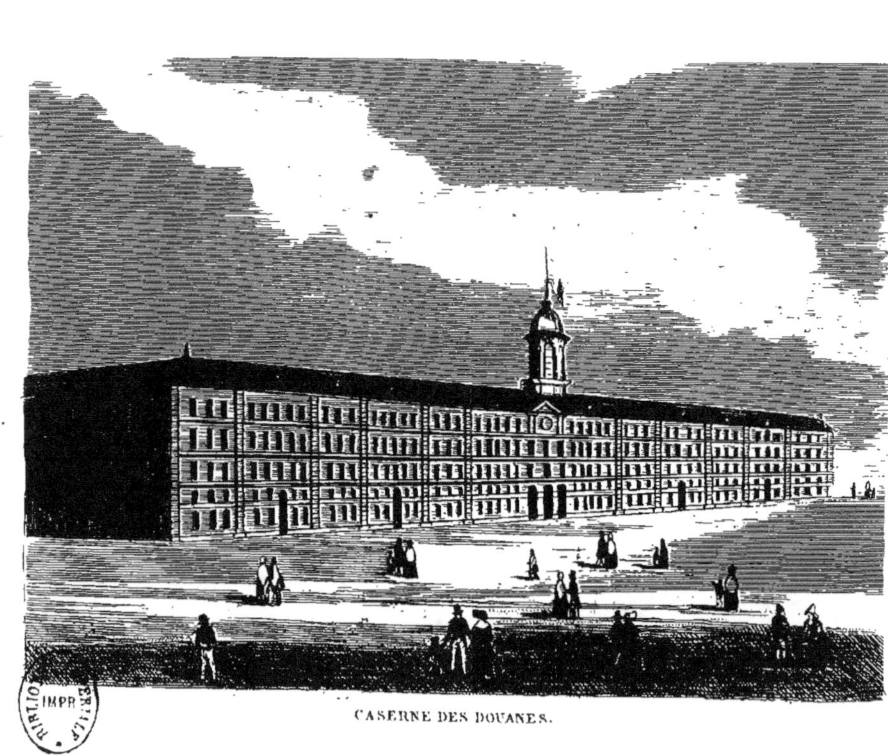

CASERNE DES DOUANES.

ALBUM.

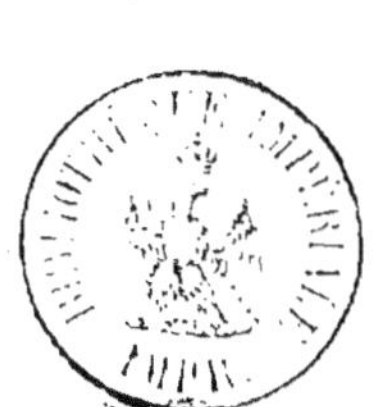

www.ingramcontent.com/pod-product-compliance
Lightning Source LLC
LaVergne TN
LVHW010034230826
846091LV00005B/1701

* 9 7 8 2 0 1 3 6 7 6 5 7 1 *